AF274089

1000 LOBOS AÚLLAN EN LA NOCHE CLAMANDO A SU MANADA

ExLibric

JORDI SABATER

1000 LOBOS AÚLLAN EN LA NOCHE CLAMANDO A SU MANADA

EXLIBRIC

ANTEQUERA 2025

1000 LOBOS AÚLLAN EN LA NOCHE CLAMANDO A SU MANADA
© Jordi Sabater
Diseño de portada: Dpto. de Diseño Gráfico Exlibric

Iª edición

© ExLibric, 2025.

Editado por: ExLibric
c/ Cueva de Viera, 2, Local 3
Centro Negocios CADI
29200 Antequera (Málaga)
Teléfono: 952 70 60 04
Fax: 952 84 55 03
Correo electrónico: exlibric@exlibric.com
Internet: www.exlibric.com

ISBN: 979-13-87944-79-7
Depósito Legal: MA 1652-2025

Impresión: PODiPrint
Impreso en Andalucía – España

Nota de la editorial: ExLibric pertenece a Innovación y Cualificación S. L.

JORDI SABATER

1000 LOBOS AÚLLAN EN LA NOCHE CLAMANDO A SU MANADA

Andando descalzo, subiré al cielo, en donde Dios está. Es lo que anhelo, llegar despacito con mi alma vestida de mil colores y que Él me reciba de mil amores, que se abra el cielo, y aunque yo esté descalzo, pueda entrar en él, con mi amor y mi consuelo.

Mil lobos aúllan en la noche clamando a su manada, pregonando desgracias venideras. La noche, oscura y fría como la muerte misma, cae sobre nosotros, helándonos la sangre; el reloj del tiempo corre inexorablemente, llevándonos a nuestro cruel día señalado por el destino, esa noche fatal que nunca podremos evitar. Centenares de almas en pena nos rodean, desgarrando con sus uñas nuestras carnes más sinceras. De pronto, con la muerte blandiendo su hoz sobre nosotros, que ya aceptábamos nuestro cruel destino irrevocable, una campana hiriente resuena en nuestra alcoba. Eran las ocho. Había que despertar y levantarse.

Madre, el recuerdo de mi madre, de mi viejecita Victoria, bello nombre que resuena en mi cuerpo y en mi alma. «Mamá», qué palabra tan bonita, la primera que mis labios pronunciaron al nacer y que fue para llamarte a ti, a tu carita tan serena y entonces tan joven, de una extraordinaria belleza. Tú fuiste lo primero que mis ojos vieron al nacer. El calor de tu regazo, el néctar de tus pechos, la seguridad de tu abrazo, el cariño de tus besos fueron las primeras sensaciones de mi vida. La suavidad de tu rostro, tus ojos pequeños, pero con un brillo que les daba una extraordinaria viveza, la ternura de tu voz llamándome: Jordi. Yo era tu bebé, tu niño gordito de ojos grandes e inocentes, y tú eras mi madre, todo para mí entonces.

Tú mereces oro, porque eres mi tesoro y yo tengo que venir. Vendré por ti y, juntos, andaremos, nos iremos por ahí. Veremos el sol ponerse y la noche surgir, tras el cristal de mi ventana, hasta que te tengas que ir. Luego te acompañaré y me quedaré solo, triste sin ti.

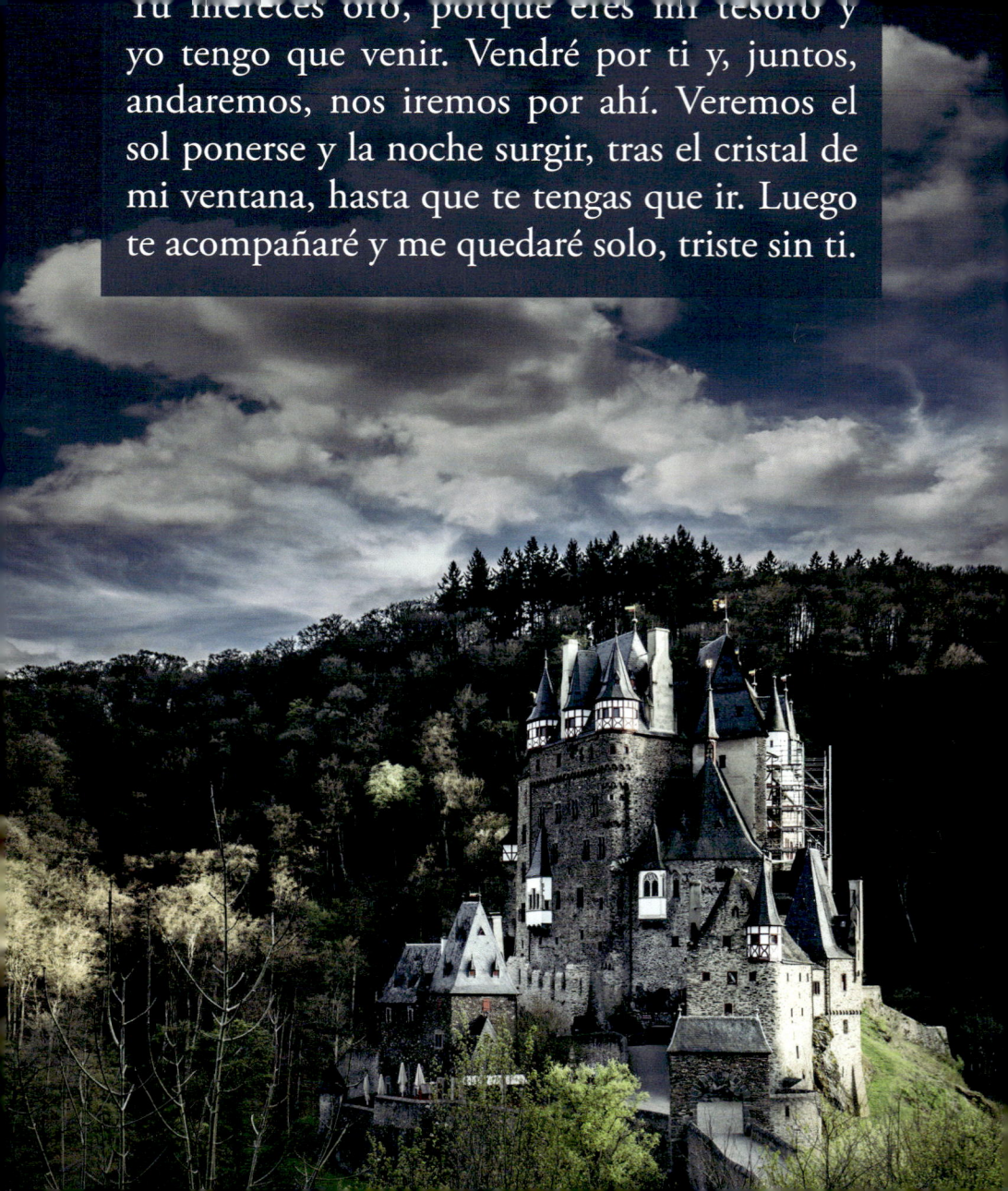

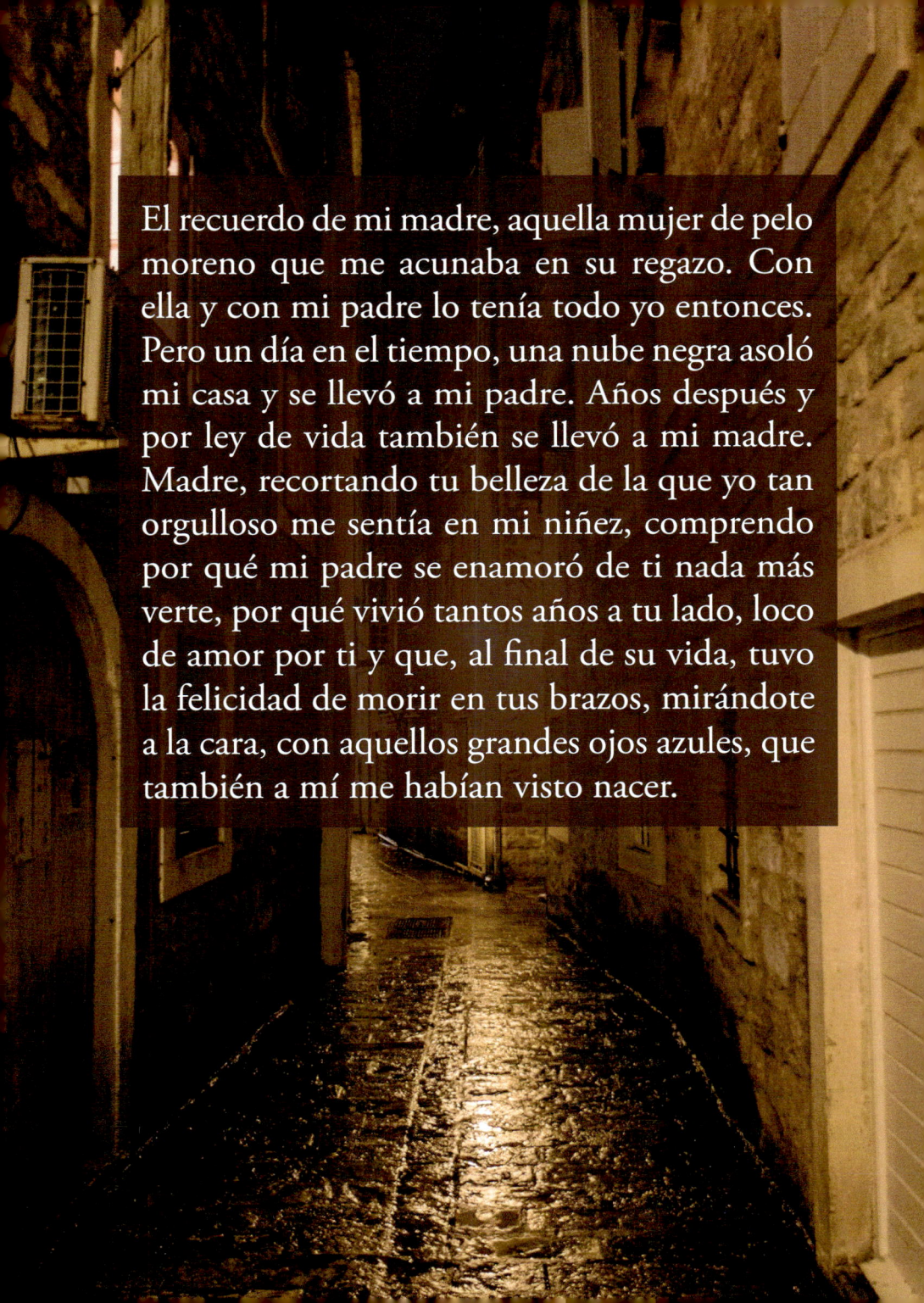

El recuerdo de mi madre, aquella mujer de pelo moreno que me acunaba en su regazo. Con ella y con mi padre lo tenía todo yo entonces. Pero un día en el tiempo, una nube negra asoló mi casa y se llevó a mi padre. Años después y por ley de vida también se llevó a mi madre. Madre, recortando tu belleza de la que yo tan orgulloso me sentía en mi niñez, comprendo por qué mi padre se enamoró de ti nada más verte, por qué vivió tantos años a tu lado, loco de amor por ti y que, al final de su vida, tuvo la felicidad de morir en tus brazos, mirándote a la cara, con aquellos grandes ojos azules, que también a mí me habían visto nacer.

El sol se pone tras un mar embravecido, grandes olas rompen una sobre la otra. La luna plena en el camino, que había de guiar mi destino a tu lado y junto a ti. En mi imaginación apareces entre nubes, en el cielo, brillando como una estrella, la más bonita de todas, y la luna, exultante, alejada, inexpresiva, nos observa impertinente, enamorada de tu belleza. Yo vuelo hacia ti y alargo mi mano para tocarte, pero no estás; es tu alma la que brilla, es tu amor el que cautiva y yo no puedo alcanzarte, porque tú no estás allí y mis ojos, que se empañan, son lágrimas de tristeza, que aparecen en ellos, que suspiran por tu amor. Pero tú no estás allí, sin quererlo te has ido y a mí, desesperado, me toca despertar de aquel sueño maravilloso: «el sueño de nuestro amor».

Hay recuerdos que realmente me hacen llorar. Aunque delante esté la gente, yo no los puedo olvidar. Recuerdos gratos o ingratos, quizás, que marcaron mi vida y me hicieron soñar. Aquellos ojos cegadores que un día me crucé me miraron a la cara y yo me enamoré, aquel momento de mi vida que siempre recordaré, y aunque pasen mil años, en mi alma lo tendré, pero no quiero olvidarlo, ha anidado en mi mente y allí siempre estará, por toda la eternidad.

Amar a una mujer. Un día y en cualquier situación cruzas con ella la mirada, sientes algo muy adentro, como una luz imaginada. Un día y en cualquier situación te encuentras con ella de frente, y aunque hubiera mucha gente, al mirarla a los ojos, desaparecen los demás. Un día y en cualquier situación aquella mujer desconocida se ha convertido en querida, y ya no la puedes perder. El amor nace en el aire, en el aliento de un suspiro, en los ojos de una mujer, que, al mirarla, sin poder comprender, sientes amor y placer.

Esta es la foto de mi padre jovencísimo, cuando estuvo en el Japón, en 1917. Él hablaba seis idiomas, había estudiado en Inglaterra, Francia y Alemania, conoció allí al famoso Barón Rojo, Alfred von Richthoffen y formó parte de su grupo de pilotos. Al iniciarse la Primera Guerra Mundial, regresó a España. Para salir después de viaje y recorrer el mundo, se casó en el Japón con una mujer japonesa y nació mi hermano mayor en Yokohama. Luego, con mujer e hijo, fue a recorrer América y regresó a España después en 1921. Enviudó y, tiempo más tarde, durante la guerra española, conoció a mi madre, que tenía veintiséis años menos que él. Nació mi segundo hermano, seis años después nací yo.

Tokio 1917

Mi padre era cultísimo. Recorrió todo el mundo cuando existía la Primera Guerra Mundial. Mis abuelos tenían fábrica de tapones de corcho, en la que habían trabajado ochocientas personas, pero con la guerra les habían bajado las ventas y mi padre salió de viaje, con trenes y barcos, creando delegaciones de la fábrica en todos los países del mundo. En Japón conoció a Francine, era la hija del embajador de Francia, medio japonesa. Una deliciosa mujer que había aprendido de su madre, las artes y la feminidad de una *geisha*. Aunque no lo fuera, impresionó a mi padre, que se casó con ella y en Yokohama nació mi hermano mayor. Luego, con la esposa e hijo, siguieron recorriendo todo el mundo.

Quisiera ser una medusa para vivir contigo a tu lado, porque las medusas no tienen cerebro y a mí con poco me tendrías conformado. Porque al no poder pensar viviendo a tu lado, siempre estaría de acuerdo con lo que tú me hubieras dado. Si tú también fueras medusa, ¡ostras, qué ilusión! Una medusa y un *meduso* llenos de pasión. Con esas patas tan largas y sin tener corazón, nunca te podrías enamorar de un tercer meduso que liaría la cuestión. Fíjate, ser *medusos* los dos: esa es la solución.

Lo llamaremos amor cuando exista en realidad, cuando al mirarnos a los ojos veamos la claridad, cuando tú lo seas todo y yo cuente para ti. Lo llamaremos amor cuando ya no exista nada, detrás de aquella mirada que me lanzaste tú. Lo llamaremos amor cuando lo sintamos cierto, cuando no quede el descubierto de un amor sin ilusión. Será un amor certero, porque llegará el primero a nuestro corazón.

Cuando yo vaya a morir, si tú no estás a mi lado, nunca podré marcharme; esto es lo que he soñado. Cuando yo vaya a morir y tú no estés junto a mí, te llamaré a ti, para que vengas conmigo. Cuando yo vaya a morir y mi alma se haya ido, subiré a los cielos, querré hacerlo contigo. Me llevarás junto al Padre, yo sentiré tu abrigo y, al mirarlo de frente, me quedaré dormido. Pero nunca me sentiré solo, porque tú siempre estarás conmigo.

Nostalgia de ti y de tu aroma distante, de ese perfume fragante que llena la estancia en la que has estado tú. Nostalgia al recordar tus ojos encendidos por un brillo cegador. Te miro sin sentir nada, únicamente tu mirada que me causa hasta dolor. Nostalgia de poder verte, de apretarte contra mí. Nostalgia de vivir a tu lado, de que no me hayas olvidado y que yo pueda existir. Nostalgia del pasado e incluso al porvenir. Nostalgia de haberte conocido. Nostalgia de haberte querido. Nostalgia de ti.

Los años no importan cuando existe un camino, que habrá de traerte el destino y que es volver a nacer. Para volver a nacer no hay primero que morir, sino que debes coexistir entre el espacio y el tiempo, encontrando de nuevo el amor, pues amar produce tal placer, que amando vuelves a nacer y a vivir otra vez por sí mismo.

¡Qué bonita eres, mujer, cuando cariño inspiras! Cómo al mirarte siento la emoción. Cómo al verte me asalta la pasión, hasta llegar a la locura. Cómo al pensar en ti mi corazón palpita. Cómo tu cuerpo me extasia y tu mirada se clava en mí, como un dardo envenenado. Quisiera estrecharte entre mis brazos y besar tus labios de mujer, sentirme dentro de ti, con toda la pasión de mi vida.

Muy bonito, Marcia. Tú escribes de mujer, yo de amor y de guerra, pero sin echar por tierra las pasiones de un querer. Cuando me levanto en la mañana, recordando a la mujer, aquella que me dio los hijos y su vida, cada día desde el alba al anochecer, mi corazón llora por ella y mi alma llora también.

Llega la Navidad y, como todos los años, nos volvemos a encontrar en aquella nuestra mesa de fraternidad. Amigos, padres y hermanos en ella nos volvemos a sentar, día alegre y triste, porque quizás falta la abuela, el padre o una amistad, que nos siguen desde el cielo, sin podernos olvidar. Tuvieron que irse allá arriba, en donde no existe el mar, ni la tierra, solamente hay estrellas, que siendo muy bellas, nos inducen a soñar. Allí estará nuestro padre, hijo, hermano o nuestra compañera de amistad, tuvo que irse allí arriba, sin ella poderlo evitar.

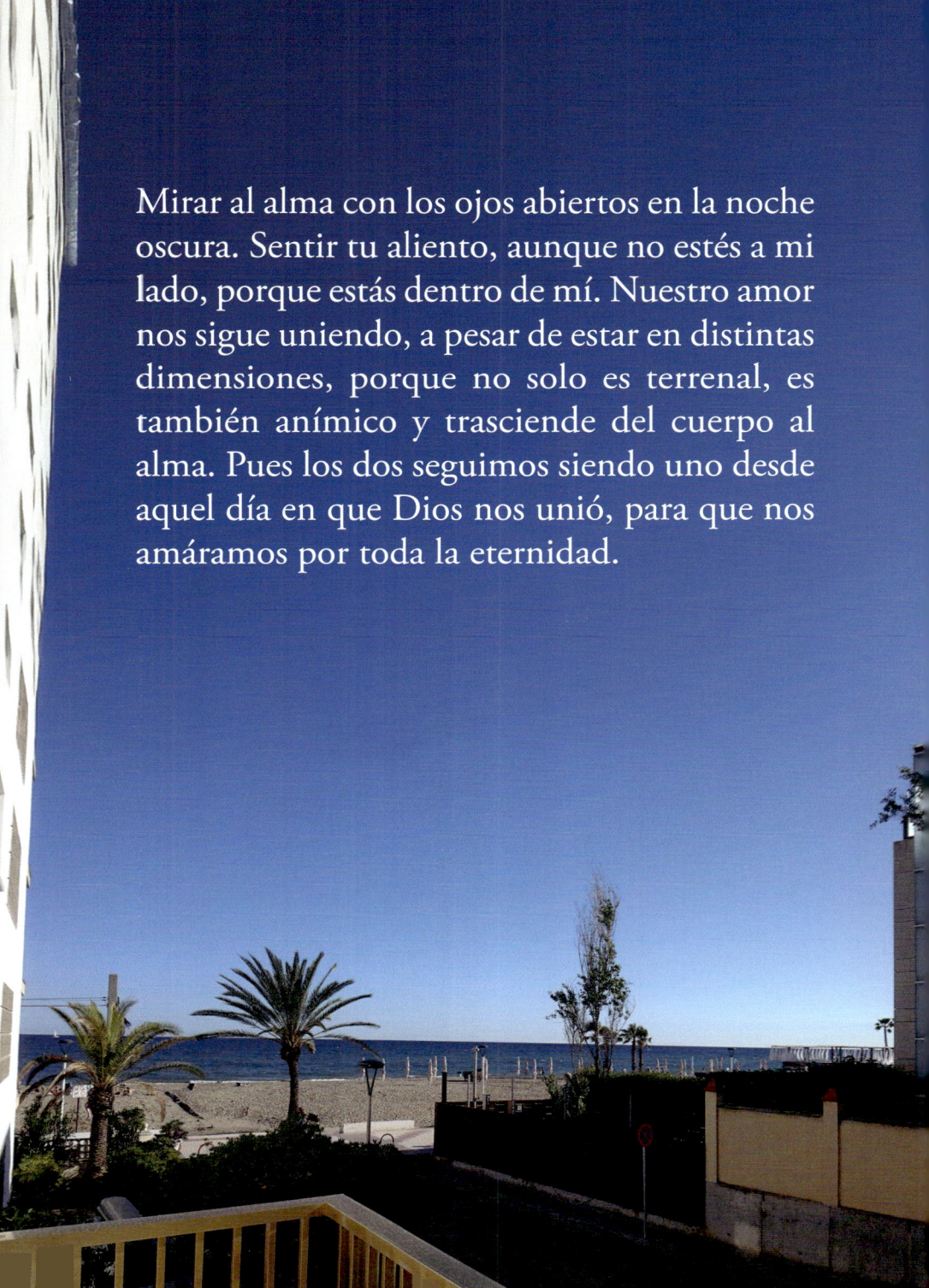

Mirar al alma con los ojos abiertos en la noche oscura. Sentir tu aliento, aunque no estés a mi lado, porque estás dentro de mí. Nuestro amor nos sigue uniendo, a pesar de estar en distintas dimensiones, porque no solo es terrenal, es también anímico y trasciende del cuerpo al alma. Pues los dos seguimos siendo uno desde aquel día en que Dios nos unió, para que nos amáramos por toda la eternidad.

Las siete maravillas del mundo son muchas más, pues si contamos a la mujer, no tenemos más que ver esos ojos azules, verdes, negros o marrones, no importa el color: cuando te miran de frente, sientes un placer superior. Su pelo es la hermosura, que se derrama con holgura sobre su cuerpo de mujer, arropando su figura, llegándole hasta la cintura, dejándonos entrever, sus maravillosos pechos, esos pechos de mujer que nos amamantaron de niños, tras que ellas nos hubieran hecho nacer.

Enamorarse otra vez es nacer de nuevo. Es volver a vivir. Es subir al cielo y caer, pero caer en un instante junto a tu persona importante. Es sentir como nunca has sentido. Es encontrarse con todo, cuando ya no esperabas nada. Es empezar una vida nueva, llena de amor, cariño y pasión.

Buenos días, mujer. Pasó la noche y va a amanecer un nuevo día. Será bonito, como tú, o será un día triste de llovida. El sol se adivina tras la profundidad del horizonte, las gaviotas vuelan en el aire, persiguiendo un barco que regresa de amarada; pescó toda la noche y casi no trae nada, mas las gaviotas tienen hambre y necesidad de tajada.

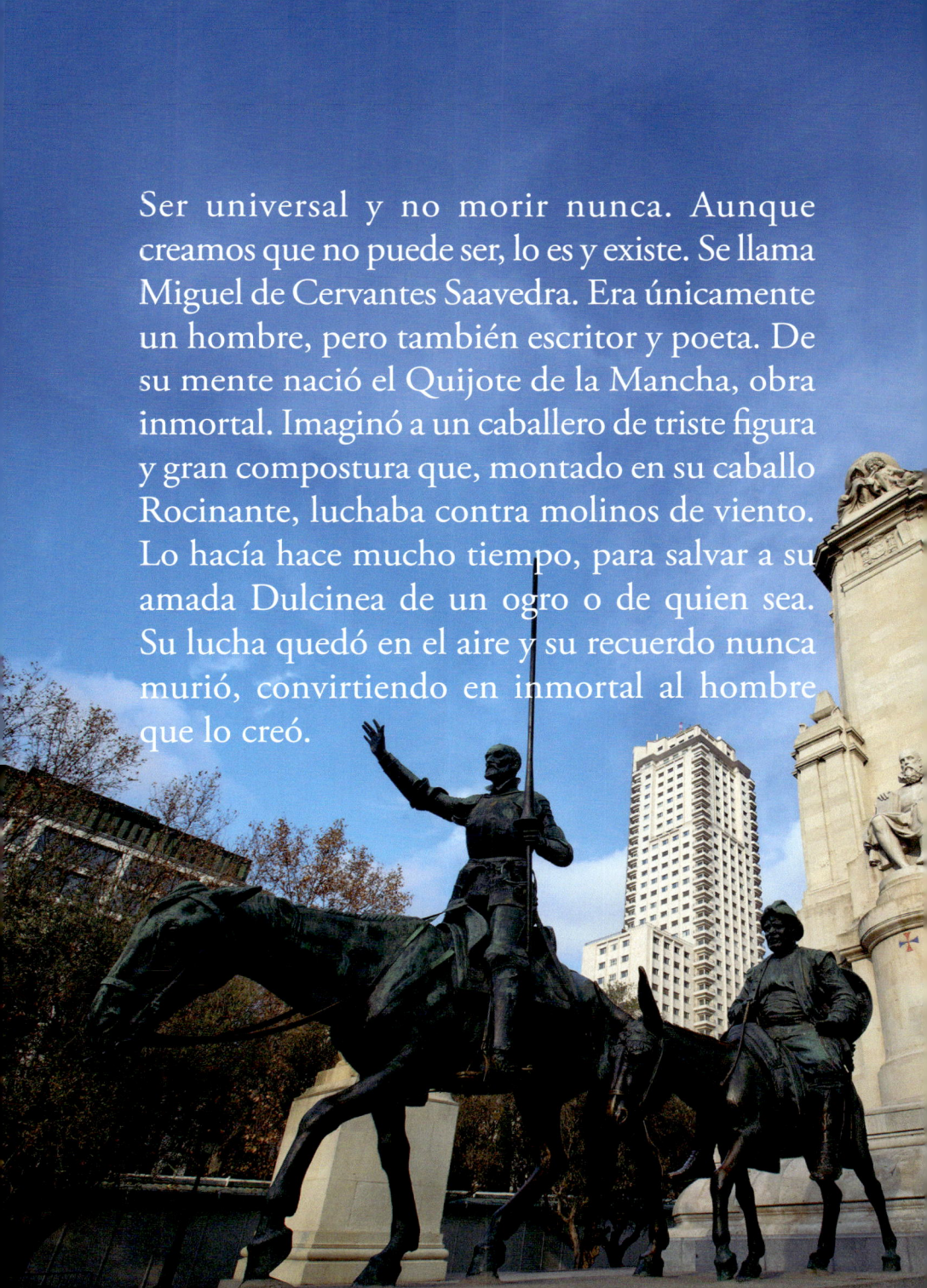

Ser universal y no morir nunca. Aunque creamos que no puede ser, lo es y existe. Se llama Miguel de Cervantes Saavedra. Era únicamente un hombre, pero también escritor y poeta. De su mente nació el Quijote de la Mancha, obra inmortal. Imaginó a un caballero de triste figura y gran compostura que, montado en su caballo Rocinante, luchaba contra molinos de viento. Lo hacía hace mucho tiempo, para salvar a su amada Dulcinea de un ogro o de quien sea. Su lucha quedó en el aire y su recuerdo nunca murió, convirtiendo en inmortal al hombre que lo creó.

¿Qué es la vida? Naciste de mujer, que, sintiendo su placer, te concibió en un momento y, tras su larga gestación, saliste sin aliento. Tuviste que llorar para poder vivir en este mundo de dolor, en el que se empieza sufriendo.

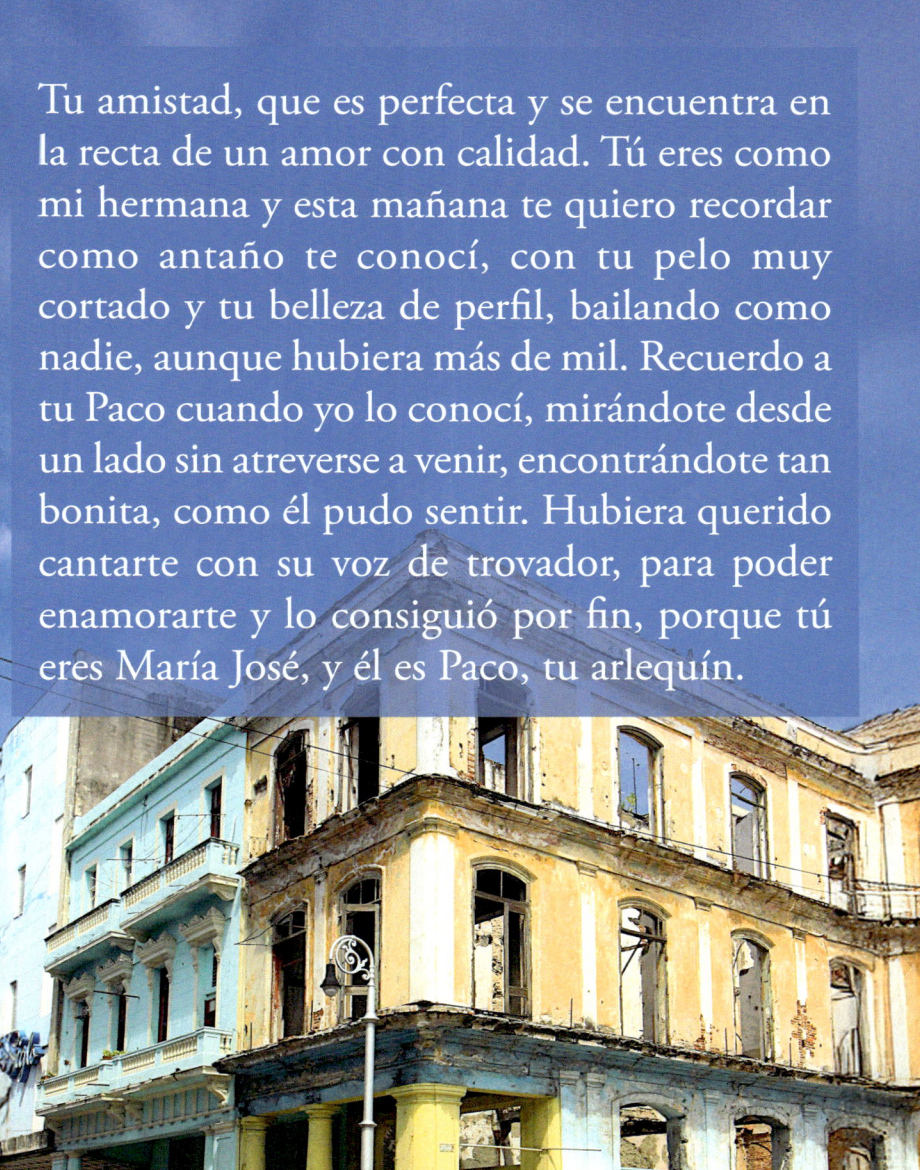

Tu amistad, que es perfecta y se encuentra en la recta de un amor con calidad. Tú eres como mi hermana y esta mañana te quiero recordar como antaño te conocí, con tu pelo muy cortado y tu belleza de perfil, bailando como nadie, aunque hubiera más de mil. Recuerdo a tu Paco cuando yo lo conocí, mirándote desde un lado sin atreverse a venir, encontrándote tan bonita, como él pudo sentir. Hubiera querido cantarte con su voz de trovador, para poder enamorarte y lo consiguió por fin, porque tú eres María José, y él es Paco, tu arlequín.

La edad no importa en el amor, después de toda una vida de unión, cuando se acerca el fin y ellos se quieren los dos, como siempre se han querido, saben que el final se acerca y que uno de ellos caerá primero, quedando el otro rendido. El amor flota en el aire, en el aliento de un suspiro, y aunque uno se vaya primero, para el otro nunca se habrá ido.

También somos latinos los que escribimos desde España y, haciéndolo con maña, os llega al corazón. También somos latinos aquellos que, sintiendo la ilusión, escribimos como vosotros desde nuestra lejana nación. También somos latinos, vuestros hermanos de España, y aunque seamos muy pocos en comparación, tenemos la sensación de escribir tan bonito como vosotros, y entre los pocos de aquí y los muchos de allá conseguimos que los que hablamos nuestra lengua comulguemos una gran amistad.

Llega la Navidad, también para aquellos que subieron y ya no pueden bajar, para acudir a la mesa en donde estuvieron tantos años ya. Los vuestros siguen en tierra, pero vosotros les vais a faltar. Llega de nuevo la Navidad y tristes os vais a quedar, porque de allá arriba no podréis bajar. Aquella mesa que tantos años llenó, hoy tendrá sillas vacías llenas de amor.

¡Qué bonitos son los ojos de una mujer, aunque de lágrimas se cubran a la vez! Ese rostro encendido y medio adormecido, que yo lo puedo reconocer, escondiendo su amargura tras el lecho que la abriga para que nadie la pueda ver. Llora constante, derramando a cada instante gruesas lágrimas de mujer. ¿Qué le ocurre? ¿Qué amor ha perdido y ya no lo puede tener? ¿Era el hombre su marido, o quizás un atrevido que no quiso llevarla con él? Dormían todos sin oírla e incluso el hombre que partió sin sentirla, galopando al amanecer.

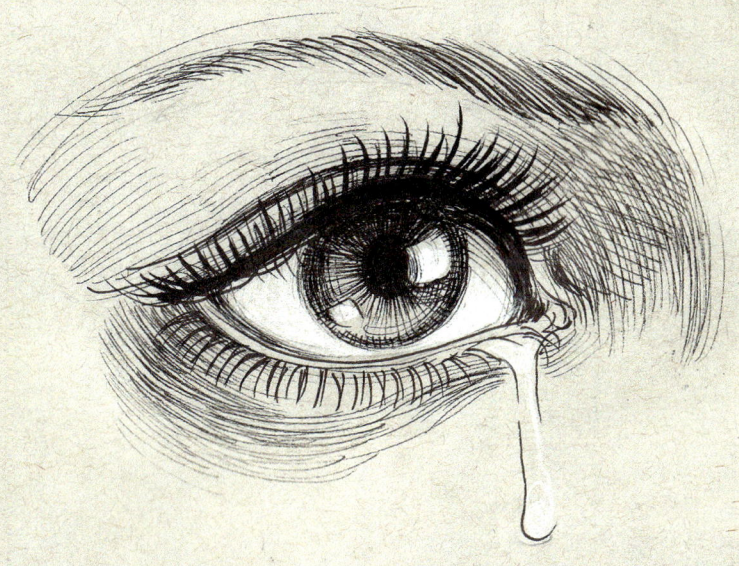

La noche no es nunca azul, es negra y oscura, sin pájaros que canten, sin luna que nos alumbre y solo se vislumbra negrura en derredor. Las estrellas se marcharon, se fueron a su nido. Negras nubes rodearon nuestro cielo oscurecido. Murciélagos volando, escuchamos sus chirridos y frente a nosotros un mar embravecido. Grandes olas negras rugiendo con terrible sonido. Es la noche, es el frío, es la muerte que ha venido.

Mi recuerdo está presente, son tus ojos de mujer, tu figura estilizada que yo quisiera ver. Oír tu voz en mi estancia y sin relevancia, tus manos querría coger, pero estás lejos en la distancia y esta es la circunstancia que deberíamos corregir. Quiero que tu voz acaricie mis oídos, elevando mis sentidos a la máxima expresión. Eres tan joven y bonita, como yo te quiero ver, que no soy un niño, aunque lo quisiera ser, para tenerte delante y en tus labios de mujer depositarte un beso con todo mi querer.

La tristeza y la ausencia de aquellas personas que nos quisieron y tuvieron que irse. En estos días de Navidad, acusamos su falta; las sillas que ocupaban en nuestra mesa se han quedado vacías, llenas de su amor, que no se ha ido. La Navidad es triste y alegre, de doble sentido.

Estoy en mi casa de Palamós mirando la noche. Hoy no hay luna, el mar está en calma, el faro se enciende y se apaga una vez tras otra, las luces de la villa alumbraron lejanas mi terraza oscura y he apagado la luz para ver las estrellas. Miles de ellas aparecen en el cielo, pero una de entre todas brilla más que ninguna. Quizás sea mi amada, que observa distante a su hombre enamorado; él nunca la olvidará.

La mujer divorciada sale de una noche oscura y ese día vuelve a nacer, volverá a ser bonita, si es que lo dejó de ser, y buscará en su destino una suerte solaz, que le brinde esta vez aquella fortuna que antes le negó. Mi admiración también para ella, maravillosa mujer.

Cuatros años sin mujer a la vuelta de la esquina, hay que comprender que le guste la cocina, que consiga allí el placer, tiene que bien comer, de otra forma no pudiera ser. Mas ahora llegaste tú, que con tu hermosura cambiaste la posición y, mirándote a los ojos, besando tus labios rojos, le cambia la situación y no sé cuándo, cómo, ni dónde, pero estamos en el camino que conducirá nuestro destino a una buena solución.

Muchas gracias. Para mí es un placer que personas entendidas me quieran reconocer, como ese poeta que yo quiero ser. Cada día compongo tres poemas y os pongo en mi perfil, donde ya tengo más de mil. Muchas gracias por leerme y expresar satisfacción, este es el pago que me produce la ilusión.

Cállate, *Manué,* no me hables en ese tono, porque me vas a perder, que yo necesito poco para llegarte a querer, que cuando me miras a los ojos y me veo tu mujer, siento algo tan grande que no me lo puedo creer.

Tu rostro de mujer es tan bonito como yo lo quiero ver. Tus ojos, la locura, con ese brillo especial que ilumina la noche de forma trivial. Tus labios enrojecidos con un poquito de carmín semejan los pétalos de una rosa que tengo en mi jardín. Cuando te miro a los ojos con majestuosidad, los míos se queman de tanta claridad, y tu cuerpo, esa figura estilizada por tu feminidad. Tus pechos con holgura y tu delicada cintura resaltan tus caderas, que mueves como banderas, cuando el viento con fuerza les da. ¡Qué bonita eres, niña! ¡Qué preciosa mujer!

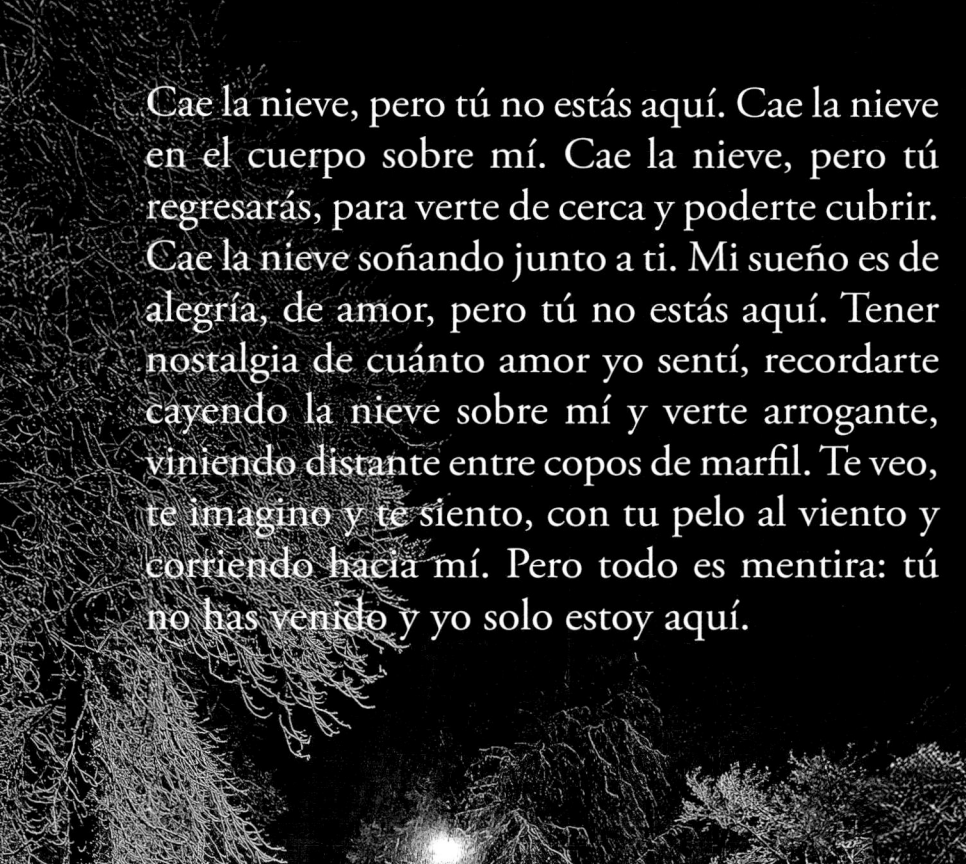

Cae la nieve, pero tú no estás aquí. Cae la nieve en el cuerpo sobre mí. Cae la nieve, pero tú regresarás, para verte de cerca y poderte cubrir. Cae la nieve soñando junto a ti. Mi sueño es de alegría, de amor, pero tú no estás aquí. Tener nostalgia de cuánto amor yo sentí, recordarte cayendo la nieve sobre mí y verte arrogante, viniendo distante entre copos de marfil. Te veo, te imagino y te siento, con tu pelo al viento y corriendo hacia mí. Pero todo es mentira: tú no has venido y yo solo estoy aquí.

Yo fui el hombre enamorado que, al ver pasar a la mujer, me hice a un lado, para no echar a correr y cuando ella caminaba con su hermosura, yo arremetía con bravura y la invitaba a comer; ella se cogía de mi mano y los dos, marcando el paso, nos íbamos al restaurante. Allí la carta nos traían y, mirándola con atención, pedíamos para comer aquello que nos hacía ilusión. El amor así empezaba a meterse en el corazón para juntos vivir la vida, teniendo hijos a montón.

Cuando llega la Navidad; cuando el cielo se llena de estrellas que te hacen soñar; cuando la Nochebuena, te llega a alcanzar y sabes que nació ya el niño, dos mil años atrás; cuando los Reyes Magos con sus camellos, siguiendo a la estrella, llegaban al portal, trayendo en sus alforjas oro incienso y mirra para el chaval, que dormía plácidamente junto al hogar. Mientras el burro contenía sus rebuznos para no molestar y la vaca daba leche para ayudar. María contenta de verlo dormir y José se complacía de haberla podido asistir. Así era el belén. Luego María y José se dormían también.

Año nuevo. Empieza el año, olvidemos los avatares de antaño y miremos el porvenir. La dana de Valencia, que la arreglarán por fin. Llegarán tarde, quizás volverá a haber llovido en el tiempo transcurrido, hasta llegar al buen fin. El año viejo se acabó, trajo poco y mucho se llevó, sobre todo el tiempo, ese que transcurrió y que es nuestro peor enemigo, porque todos un año más viejos, ya se nos caen los pellejos y ¿qué es lo que vamos a hacer? Enamorémonos del aire, de la belleza de una mujer, que cuando esté delante, tengas que echar a correr, para atraparla pitando, no se te vaya a perder. Porque ellas, que son lo más bonito, tienen pretendientes a placer. Olvídate del año pasado que se fue y allí se Quedó. Ahora vamos a por el futuro. Año nuevo, año de amor.

La tristeza de tu despedida, la nostalgia de no volverte a ver tras ese mar que inunda mi vida. Yo lo tengo que reconocer: no podré verte, porque te has ido para nunca más volver.

Te vi aquel día. Eras alta y atractiva, tu cuerpo estilizado me llamó la atención. Quise bailar contigo y te lo pedí, tú te levantaste súbitamente y te agarraste de mi mano izquierda; yo, cogiéndote de la cintura, te apreté hacia mí. Sentí tu cuerpo grácil contra el mío. El pelo se te derramaba sobre la espalda desnuda por el vestido que lucías; una música lenta y romántica sonaba en el ambiente, mientras nosotros evolucionamos por la pista, sensación de placer indescriptible. Te sentía mía en aquel instante en que, apretando mi rostro contra el tuyo, nos transmitíamos aquel amor incontenible e instantáneo, que tan súbitamente acababa de nacer. Me di cuenta en aquel instante de que algo distinto, de cuanto me había sucedido en la vida, estaba surgiendo: había nacido nuestro gran amor.

La Navidad se fue como se va todo en la vida y hoy nos toca empezar una nueva partida. Se terminará el año, nos quedarán aquellos recuerdos de antaño. Fueron jocosos, alegres o tristes, quizás. Nos enamoramos y vivimos en el cielo, volando entre nubes y azul. Quizás caímos de arriba, o seguimos aún. Puede que continuemos en ese universo astral, que nos sienta colosal, porque es el amor en la vida lo que la hace más querida y del que nunca deberíamos despertar.

Yo tengo dos amigos que me tocaron en la lotería el 22 de diciembre y me causaron alegría. Él se llama Paco. Es un jabato que canta y torea como Manolete antes lo hacía. Hay que rendirle pleitesía, pues ha enamorado a María José. Ella es rubia, guapa y de buen querer, una maravillosa mujer. Él le canta por las noches con su voz de trovador, consiguiendo enamorarla con todo su esplendor. Ellos son mis amigos y habitan dentro de mi corazón. Nunca podré olvidarlos, esa es la cuestión.

Nunca se olvida el látigo de castigo que te rompe las carnes por venirte conmigo. Vete, aléjate de mí, que yo soy un hombre que no tiene porvenir. Cuando te llegue la noche y yo me haya ido, te sentirás sola por no haber venido. El tiempo que pasa se vuelve podrido hasta oler mal, yo lo he sentido. Cuando llegue la noche y yo me haya ido, no me busques en la playa, sino en el barco que ha venido para llevarme a mí este año que ha nacido.

El alma que flota en el aire, que vive sin sentir por lo mucho que ha vivido, que nunca podrá morir, porque muerta ya lo ha sido, que habita junto a Él y lo acompaña con sentido, sabiendo que a su lado vive junto al Dios deseado. Para ella ya no existe el tiempo, ni el calor, tampoco el frío, solamente el amor y que, sin tener corazón, amor a Dios ha tenido.

Los primeros rayos de un sol que se adivina tras la profundidad del horizonte iluminan Barcelona con una luz tenue y blanquecina. Mi pensamiento, vagando por la sinuosidad del recuerdo, me lleva hasta ti, inmerso en la irrealidad del ensueño. Jueves tras jueves he acudido puntual a nuestra antigua cita, con la esperanza de verte. Nuestros amigos allí me dicen que estás bien y que vas a venir, pero esa dicha jamás se produce. Entiendo que esta es tu intención: poner punto final a una relación que jamás debió existir, por carecer de espacio y tiempo para hacerlo. Nunca debimos conocernos, ni cruzar nuestras miradas, ni apretar nuestros abrazos. Tampoco podíamos amarnos, porque el amor entre nosotros también estaba prohibido. Ya puedes ir a Quartier cuando quieras; yo no volveré a hacerlo, es tu espacio, tus amigos, y si tú no has de estar, a mí aquel lugar me resulta indiferente.

La tormenta, siempre precedida por una calma estructural. La tormenta, que rompe con sus rayos, relámpagos y truenos la oscuridad de la noche, hasta convertirla en fatal. El agua que cae a borbotones, inundando en su camino hasta el ahogo a cualquier animal, derribando muros y paredes con resultado fatal. Esa noche tétrica y cerrada, únicamente iluminada por los aquilones al explotar. Esa noche que al final se acaba, al llegar a la madrugada y tener que despertar.

En un rincón de mi alma vives tú. Allí llevo un recuerdo que da vida a mi ilusión. Son tus ojos tan bonitos y encendidos, es tu cuerpo agradecido, es el amor que ha venido, es tu pelo, tu figura quien me indica la mesura de tu enorme corazón. Tu recuerdo, circunstancia atenuante que me empuja para adelante, aunque tú no estés aquí. Mi imaginación se desborda, mis sentimientos fluyen, mi corazón se abre, pues adentro estás tú. La tristeza que me embarga colapsa mis sentimientos, porque tú te has ido y ya no estás aquí.

25 años de paz y armonía en una pareja no se encuentran cada día. Él es el mago; ella, la ilusión; consiguen cada día mejorar la situación. Paco canta, baila y torea; ella lo ve con admiración y, juntos, en todas partes abren la sesión. Yo los quiero a los dos. Son mis mejores amigos y me duele en el corazón que nuestro grupo siempre tan unido ahora arrastre distorsión. Si hay entuertos de por medio, olvidémonos los dos y empecemos de nuevo, como buenos hijos de Dios.

Un día triste se despierta frente a mi alegre morada, nubes negras que rodean mi mar de alborada, grandes olas, recio viento es el que el tiempo hoy ha traído; el silbar de mis ventanas, la lluvia que golpea fuertemente sus cristales. Tú no estás, porque te has ido. Te marchaste aquel día, sin yo haberlo comprendido. En mí estaba el amor, en ti la armonía, mas no te importó el dolor que me infligiste aquel día. Cerraste la puerta con arrebato, sin mirar atrás siquiera. ¿Cómo esperabas que yo comprendiera tu huida de mí, como una cualquiera. ¿Que hay otro hombre? No lo quisiera. Yo te amaba y te quiero. Vuelve a mí, que te espero.

El amor verdadero existe y no se termina con la muerte de uno de los dos, porque el amor es la conjunción entre la vida y la muerte. Cuando el amor existe en realidad y una de las personas amadas pierde su cuerpo físico, su alma levitará junto a su amada, en tanto en cuanto se sienta querida y recordada.

Yo sí he conocido el amor, el amor de mi vida, que tuvo que irse dejándome herida. Yo conocí el amor cuando era casi un niño. Aquel amor floreció y duró toda una vida, la vida de mi mujer, que tuvo que irse sin querer, dejándome el alma partida, pero ella está allí y sigue conmigo. Cuando la luz de la calma inunde mis ojos, cuando no me quede más que expirar, mi amor estará a mi lado, para cogerme de la mano y acompañarme al más allá.

Se terminó el año, se acabó. Fue un año bueno, pero se marchó y nos quedamos tristes, recordando lo acontecido. Yo quisiera enamorarme, volver a nacer mirando a los ojos de una mujer, porque el amor flota en el aire y puede caer. Si te cae encima, y de ella también, subiréis al cielo, viviréis la vida, aquella que ya dabais por perdida, pensando en la vejez.

Yo no quería dañarte refiriendo mi vida pasada. Me llegó el amor. Fue un amor tan grande, que no podía durar siempre, pero tras haberlo perdido, he reconocido que valió la pena haberlo vivido. Durante muchos años, volé por los aires con las alas de aquel amor. Si nunca lo hubiera conocido, más me valiera no haber nacido.

Bonita mujer que desde el otro lado del mundo me quieres complacer, mostrándome tu imagen, que es de agradecer. Una bonita mujer con su melena negra, derramándose por doquier. El estilo de tu figura, con una estrecha cintura, caderas anchas y atributos de mujer, me hace mirar el cielo, por si fueras un ángel a punto de caer.

Tan bonita como siempre, con tu pelo enmarañado y tus gafas de cristal, mirando al frente, los brazos entrelazados y tus pechos holgados en bonita posición. Recuerdo tu figura, que me parece de locura, aunque ya no la pueda ver, porque un océano nos separa y hay que comprender que el tiempo que ha pasado nos ha alejado y no podemos nada hacer.

Tú naciste hace mil años, mil uno que nací yo. No somos tan jóvenes para esta aventura que nos cayó. Pero el amor vuela en el aire: él no entiende de edad, sino de la calidad del sentimiento habido. Tú me amas, yo te quiero y esto es lo que espero, no tu juventud. Eres una mujer bonita, yo no soy un zagal, pero te seré leal, mientras viva y te tenga. Cuando te miro a los ojos, veo la realidad. Son tu hermosura y tu femenina figura las que me llevan a la locura de quererte y amar. No importan los años transcurridos, porque este amor que ha venido nos ha encontrado al azar. Tú eres mujer y bonita, yo soy un hombre muy Fiel. Esto me incita a poderte querer.

Mi pensamiento está en ti, mi recuerdo en tu morada, tengo la luz apagada. Yo quisiera vivir, pero el tiempo que ha pasado sin poderte ver me hace sufrir. Pienso en ti a cada instante, quiero coger el volante y con mi coche venirte a ver, pero tú estás alejada, sin esperar mi llegada. ¿Qué nos puedes suceder? Que tú me recibas ardiente y yo darte un beso diferente con todo el amor. Es que tú eres mi vida, yo sin ti voy a morir. Necesito sentir el calor de tu cuerpo, la luz de tu mirada, el abrazo de mi amada, que no se vaya a ir. Yo la quiero y la quisiera, mi amor con ella estuviera, hasta que tuviera que morir.

Tú estás aquí para recorrer mi camino. Tú estás aquí para acortar la distancia. Tú estás aquí porque eres mi sino. Tú estás aquí para amarte, para amarme y sentirme. Tú estás aquí para vivir a mi lado. Tú estás aquí para soñar contigo. Tú estás aquí, porque eres mi destino y yo te quiero hoy, mujer, como siempre te he querido.

Yo soy el hombre de aquella mujer que subió al cielo, sin llegarlo a querer. Yo soy su marido y mi vida se ha podrido por dejarla de tener. Yo nací para ella, que hoy es una estrella y desde el cielo me ve. Cuando al llegar la noche ella falta en mi cama y yo no puedo dormir, su ausencia llego a sentir. El recuerdo me abraza, mi pecho atenaza, porque ella no está. Dios la quiso con Él, convirtiéndola en una estrella, la más brillante del cielo. Este es mi consuelo, cuando la quiero ver. Tres hijos me dio, uno se nos murió, la llamaba madre desde arriba y ella se marchó.

La fantasía de amar, la fantasía de querer, la fantasía de sentir amor por una mujer. Soñar con ella cada noche y verla cerca de mí, abrazarla entre mis brazos y bailar, bailar con ella sintiendo su calor. Luego soñar, soñar que la fantasía es cierta y volver a vivir con el amor de una mujer.

Hoy ha amanecido un cielo oscurecido, parece que ha llovido, llamando la atención. Son lágrimas de amantes que, sin poder seguir adelante, perdieron el corazón, rompiendo así sus vidas, inconclusas y perdidas, por no saber amar. Que un trueno me despierte con su ronco estampido y me saque de este sueño que hoy he tenido, separándome de ti. El tiempo que corre devorando y años apilando, acercándome al fin. Es mi peor enemigo, que envejeciendo mi sentido mantiene mi cuerpo herido, hasta llevarme a morir.

Hoy despierto de mi sueño. Tengo la luz apagada, pero puedo verte como te tengo recordada. Tu cara es tan bonita y tu cuerpo deseado, sintiendo ese amor que tú me has despertado. Tendré que levantarme y lavarme la cara, para salir de mi sueño, aunque no quiero para nada, porque él lo llenas tú, que serás mi enamorada. Yo te quiero a ti y en mis sueños te adoraba.

El mundo en tus manos había de estar, para yo poderlo encontrar, vivir en tu vida y empezar a soñar. Tus ojos son oscuros, tu pelo también, tu cara risueña, una preciosa malagueña. No se aprecia tu figura, que es escultural, poseedora de una delgada cintura, pechos con holgura y caderas a la par. Naciste con encanto, esta es la realidad. Yo quisiera verte y, a la vez de conocerte, estrechar nuestra amistad.

Ríe, mujer, mientras puedas, sin acordarte de mí. Yo te tengo en mi recuerdo, como hace años te perdí. En nuestra vida separada, larga senda conduje, me llevó a un mar maravilloso, a encontrar el amor, vivir una vida, que al final se terminó. Todo empieza, todo acaba y aquel mar se la llevó.

Yo siento la necesidad de querer, este no es mi problema a resolver. El problema está en el amor, que consiga despertar en aquella mujer que me ha de acompañar el resto de mi vida. Aquella vida que por perdida ya la di el día en que ella marchó de mí. Vivir sin amor es morir cada día, es sentir el dolor de la soledad infinita.

¡Qué bonita eres, mujer! ¡Cómo mi corazón cautivas! ¡Cómo siento el placer, cuando creo ver que me miras. Tu mirada es penetrante y me atraviesa por delante, hasta llegar al corazón. Clava en mí esa flecha envenenada, pero muéstrame también enamorada para yo poderla recibir. Mi vida sin ti sería un infierno, al que no me puedes mandar, primero me tendrías que matar y todo ha sido sueño.

La alegría de vivir pensando estar a tu lado, apretarte entre mis brazos y bailar contigo cada noche, movernos en sintonía, siguiendo la melodía que inunda la sala, el sueño de tenerte, de que seas para mí, que sientas lo mismo que yo y recorrer contigo la playa, cogida de mi mano, en una noche clara de luna encendida, alumbrando nuestros pies descalzos sobre la arena mojada. Sentir que nuestro cariño explota, llenando nuestros corazones de un amor a borbotones, que se derrama sobre la playa. Frente a mi casa, pequeñas olas van y vienen, mojando nuestros pies, amores que se detienen, pero que el nuestro se queda.

Mi padre se marchó para subir al cielo y mi madre se quedó sin ningún consuelo. Los años han pasado y aquel consuelo imborrable yace en mi corazón. Fue mi padre aquel hombre que volara sobre Australia, cuando nadie lo había hecho; él voló dando el pecho y lo hizo sobre Perth en un avión triplano, remontó las alturas y, con muchas bravuras, logró aterrizar después. Él había volado en 1914, cuando estudiando en Alemania, su amigo el Barón Rojo le enseñara con arrojo a volar también. Estalló la guerra, la Primera Guerra Mundial, y él, sin que se lo tomaran a mal, regresó a España. Se llamaba Francisco Sabater Forgas.

El cielo se abre al nacer un nuevo día. Los recuerdos me inundan, llenan mi fantasía. Yo pienso en ella, en su pelo bonito, andar pinturero, cruzando la calle con tanto esmero, que todos los hombres al verla pasar, nos quitamos el sombrero. Su cuerpo al andar tiene armonía, pues mueve las piernas con tanta alegría, que sus tacones resuenan en el suelo a danza gitana sin consuelo.

La nostalgia de un recuerdo, parcialmente olvidado, me lleva a pensar en mi niñez, cuando mi madre me acompañaba al colegio, vistiendo una batita azul de cuadros. Yo era un niño que corría jugando en aquel patio con otros niños también. Pasó mi niñez y juventud. Sentir nostalgia de aquel pasado que nunca volverá, de todo aquello que hice y dejé de hacer y hoy me arrepiento sintiendo dolor. La nostalgia me aplasta, clavada en mí como un dardo envenenado. Yo quiero existir, volver a amar, como lo hice años atrás. Quiero empezar otra vez la vida, como entonces de chaval, consiguiendo el amor de aquella mujer que me dio su vida y tres hijos también. Tuvo que irse allí arriba, a donde el cielo es azul y no existe la noche. Ella se fue, dejándome su recuerdo, el recuerdo de su querer.

Fuera Gaudí aquel genio universal quien convirtiera Barcelona, la Ciudad Condal, en patrimonio de la humanidad. Había nacido en Reus, Tarragona, en 1852, y su locura de amor le había concedido el favor de ser poseedor de una mente inmersa. Es Gaudí, sí, señor, quien creó la Sagrada Familia y tantas obras más. Se dijo de él que era un loco, y su obra, la locura, pero ahora que perdura, vemos la realidad. Una Barcelona sin Gaudí, sin sus obras y monumentos, no sería la ciudad que llegó a tiempo de conseguir la universalidad.

Yo únicamente escribo lo que siento y cuanto se me ocurre en cada momento. Escucharte a ti cuando me dices, me causa satisfacción. Yo quisiera conocerte, pero aunque no pueda verte, en mis sueños estarás. La vida para mí fue grata e ingrata a la vez. Conocí el amor y su hermosura. Muchos años lo viví, mas llegó aquel día en que sin quererlo lo perdí. Ella se fue muy arriba, adonde yo no puedo alcanzar, pero llegará el día del amor y la amistad, encontraré entonces un cariño de verdad.

Los recuerdos del pasado me vienen a la vez. Tú estabas allí, haciendo esta foto, aquella foto que perdí. Tu familia, mis amigos, las personas queridas, que antaño conocí, me trajeron la alegría, alegría de vivir. Han pasado los años. Tú te fuiste de aquí, pero quedó tu recuerdo, sin separarse de mí. El recuerdo de aquella mujer que un día me dio los hijos y también su querer.

Cuando tu edad ya es preocupante y no te quieres morir, empiezas de nuevo a vivir, enamorándote de una mujer. El amor flota en el aire, en el aliento de un suspiro, cógete de mi mano y vente a vivir conmigo. Con ese amor que habremos sentido al encontrarnos cada noche frente a la puerta de nuestro nido. Volveremos a ser jóvenes: tú serás la mujer guerrera y yo el hombre herido, que entre tus brazos habrá caído. Tú me curarás con tus besos de amor y yo sentiré el sabor de tus caricias deseadas. Nuestra juventud renacida habrá encontrado cabida en nuestro amor bien hallado.

Ella se llama Conchita, él se llama Gabino y quiso el destino unirlos a los dos. Su amor está fuera de duda, solo hay que ver la hermosura de los ojos de la mujer. Gabino baila con ella, que es un primor. Da vueltas a la doncella con muchísimo calor. Él dirige el Casal de la Gent de Sant Adrià. Lo hace con maestría, logrando cada día, nuestra mayor satisfacción.

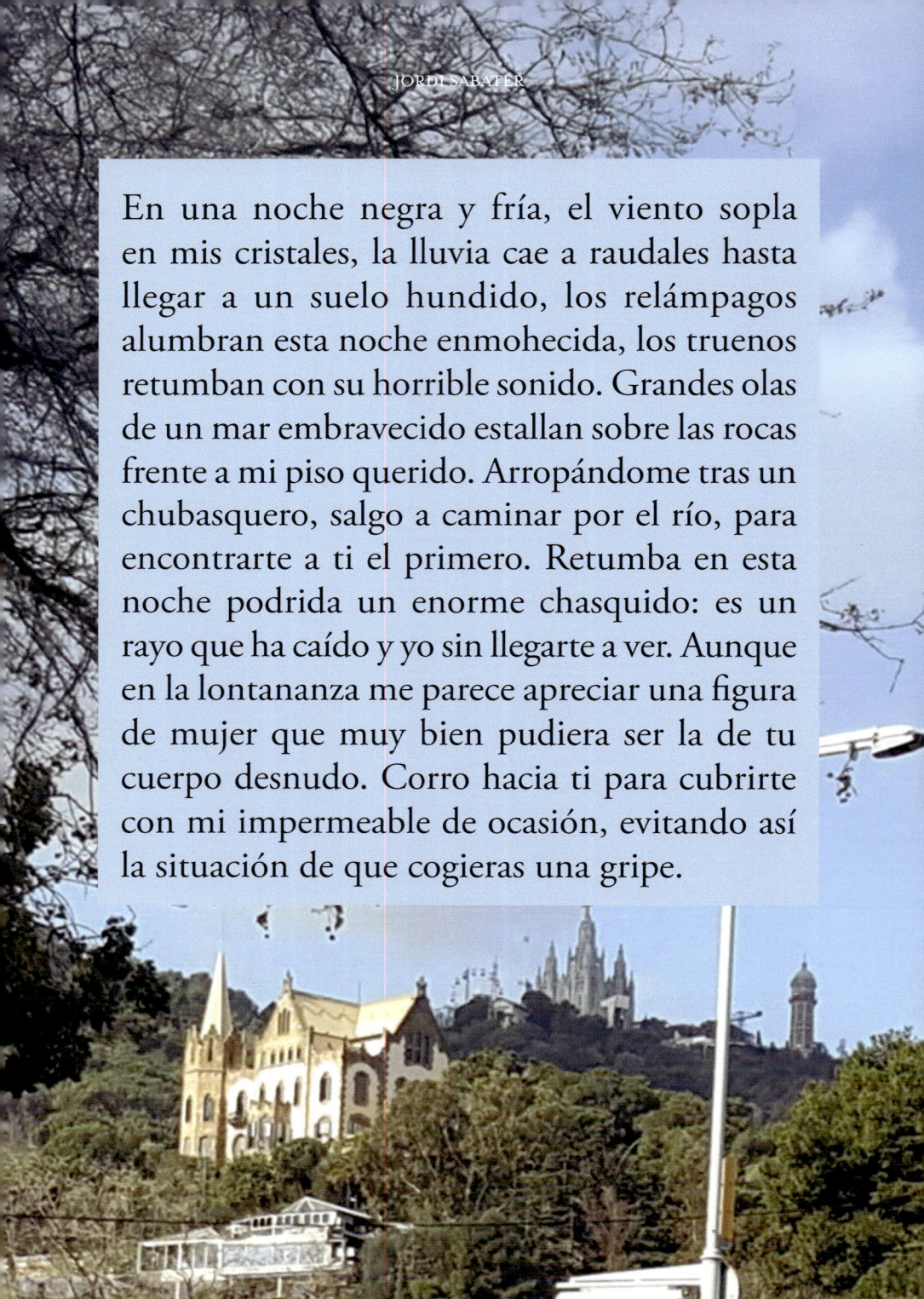

En una noche negra y fría, el viento sopla en mis cristales, la lluvia cae a raudales hasta llegar a un suelo hundido, los relámpagos alumbran esta noche enmohecida, los truenos retumban con su horrible sonido. Grandes olas de un mar embravecido estallan sobre las rocas frente a mi piso querido. Arropándome tras un chubasquero, salgo a caminar por el río, para encontrarte a ti el primero. Retumba en esta noche podrida un enorme chasquido: es un rayo que ha caído y yo sin llegarte a ver. Aunque en la lontananza me parece apreciar una figura de mujer que muy bien pudiera ser la de tu cuerpo desnudo. Corro hacia ti para cubrirte con mi impermeable de ocasión, evitando así la situación de que cogieras una gripe.

Era la primavera de un año removido. Miles de flores nacían con sentido, compitiendo todas ellas en su gracia y colorido. Era una niña cualquiera, que muchos años atrás naciera. Era un recuerdo agradecido, que a pesar del tiempo transcurrido, ella nunca envejeciera y su belleza mantuviera: incólume como el primer día. Era un caballero arrogante, que al verla, sintiéndose galante, pensó enamorarla y echó para adelante. Mas Belcebú, celoso de la belleza de aquella mujer, que también quería para él, se interpuso con saña y, cual una araña, tendió su red. Mas el hombre introvertido, sintiéndose herido en mitad del corazón, recordando a su amada, luchó con el dragón. Era el Sant Jordi conocido, quien, blandiendo su espadón, liberara a su amada de la red y del dragón.

Ella pasó aquella tarde frente a mí. No quise perderla, casi corrí. No caminaba, ella corría y como un gato se movía, la perseguí. Quise verle la cara, tras haberle visto el cuerpo, que yo admirara. Me miró despacito, sentí que mi alma se me escapaba. Tan bonita que me enamoraba. Su pelo negro azabache, sus ojos verde aceituna, como ella no he visto a ninguna, al mirarla causaba tanto placer. Era la mujer que aquella tarde yo empecé a querer.

Más que un amigo. Lo viste en la calle, o quizás en la sala. Te miró a los ojos y quedaste obnubilada. Él era alto y fornido, causaba impresión, movía su cuerpo con perfección. Escuchaba la sintonía, moviéndose con alegría, bailaba en el aire con tal donaire, que las mozas al verlo vibraban de emoción. Él era moreno, con ojos verde limón, se movía con abolengo, en cada situación. En más que un amigo se convirtió aquel día que te conoció. Pasaron los años, sin desengaños, con satisfacción. Ahora es abuelo, no le queda ni un pelo, pero sigue vuestro amor.

Hace un momento que he despertado. En mi cama pensaba en ti, me acordaba de lo bonita que eres y dudaba: «¿Realmente es así, o únicamente un espejismo que controla mi mirada? Cuando hay tanto amor, no puedes fiarte de nada, porque lo que ves también puede ser tu mujer deseada, pero yo la veré siempre así, he de mantenerla enamorada.

Abrázame con fuerza, amor, que quiero sentir tus latidos, porque mi corazón has herido, clavándome tu espadón. Habré de morir en tus brazos, sintiendo ese dolor aguerrido, que con tu espada me has infligido en mitad del corazón. Yo era un hombre enamorado de aquella mujer, que para no entregarme su querer, prefirió darme muerte en el costado. Avanza Dios adelante, para recibir a este hombre herido, que por el amor de una mujer larga vida se ha perdido.

Murió la paloma que habitaba mi hogar, su pareja quedó triste al verla marchar. Subió al cielo sin quererlo, sin querer volver a volar. Su compañera quedó en tierra, pues no la podía acompañar. Había subido tan alto, que ella no podía llegar. Murió la paloma, porque en la tierra ya no podía estar.

El sol sale tras un mar embravecido, grandes olas en el horizonte rompen una sobre otra en un cielo enrojecido, indicando que ha venido a traer fatalidad. Se marchó la noche al llegar el nuevo día, nubes negras nos rodean, escuchamos estampidos, son los truenos que han venido a anunciar el horrible amanecer. Los relámpagos que alumbran, los rayos se vislumbran, es el horror por doquier. Se trata del apocalipsis anunciado, que por fin ha llegado a destruirnos también. Las aves que vuelan, sintiéndose horrorizadas, tratando de huir en bandadas y sin poderlo conseguir. Los peces saltan al aire, huyendo del mar removido, sin conseguir haber vivido su existencia hasta el final. Las personas que corren por la tierra buscando refugios que se anegan y no se pueden guarecer. El fin del mundo ha llegado, es Dios quien lo ha anunciado y no se puede nada hacer.

Cuando el sol es de mentira, cuando la luna es de verdad, cuando al hacerse de noche nuestro amor florecerá y la luz de tu mirada mi camino alumbrará, para llegar a encontrarte en medio de la oscuridad, porque tú, que ya eres mía, y yo también nos amaremos toda la vida llenos de felicidad.

Cállate y no me digas nada. Que estuviste, ya lo sé; lo que hiciste no me importa. Lo que quiero yo saber es el tiempo transcurrido desde que te fuiste hasta que has venido a contármelo otra vez. ¿Si te quiero? Qué más da, porque al no quererme a mí, nada te importa, si tu amor aún lo siento, lo perdí.

Verla y quedarme ciego. El resplandor de sus ojos, el calor de su mirada, el movimiento de su cuerpo andando frente a mi camino de su casa. Mujer que mi sueño alteras, no me dejes ciego con tu hermosura, pues necesito verte porque te amo con locura.

La última página de mi libro pronto la tendré que escribir. Cuando las ideas que hoy fluyen no me lleguen a la vez. Cuando no se me ocurra nada y no tenga que poner. Cuando mis años jóvenes se conviertan en vejez. Cuando mis recuerdos de antaño se me olviden a la vez, aunque ahora corra por la vida pensando que nunca podrá ser.

Barcelona, en Casa Batlló existe la expresión de la fantasía de aquel genio colosal, Antonio Gaudí, que viviera en años de antaño, plasmando la riqueza de su imaginación portentosa. Él murió, lo atropelló un tranvía, pero dejó en Barcelona la expresión de su fantasía. Nunca muere un hombre y en el recuerdo perdura, cuando ha creado tantas obras de manifiesta hermosura.

En el principio de mi vida
fue mi madre a quien amé.
En el principio de mi vida
su regazo deseé.
En el principio de mi vida
con su abrazo yo soñé.
En el principio de mi vida
de su néctar me alimenté.
En el principio de mi vida
fue su voz la que escuché.
En el principio de mi vida
el cariño en sus besos encontré.
En el principio de mi vida,
«mamá», así la llame.
En el final de su vida
a mi madre yo lloré.
Triste recuerdo de mi madre
a la que nunca más veré.

Hoy domingo amanece de nuevo en Palamós. Miro a mi mar inmenso y me arranca una sonrisa. Es el mar que mi vista abarca desde el mismísimo horizonte hasta la puerta de mi casa. El mar Mediterráneo que nace en la mañana con el sol, para morir enrojecido al atardecer, abriendo con su hálito divino las tinieblas de la noche. Oír el murmullo de las olas, que rompen una tras otra, produciendo una espuma blanca, que en la noche brilla, como si estuviera encendida, iluminando la arena de la playa, a la vez que una fresca brisa acaricia mi rostro, observando desde la terraza de mi casa.

Locura de amor que trasciende del cielo al abismo y de la vida a la muerte. Nacer para amar o quizás morir antes de haber nacido, poder encontrar al ser que te hace de tu muerte resucitar y empezar a vivir con la persona que has conocido.

El tiempo, cruel asesino que nos engaña con la mirada, que cuando somos niños, nos cuesta pasar, y cuando envejecemos pasa a velocidad de vértigo, que cuando miramos a lo que nos queda y vemos lo que se ha ido, nos damos cuenta de que la recta final ya forma parte del recorrido. Consolémonos pensando que detrás de aquella esquina puede haber un jardín florido.

Nos llegara la tarde y, tras ella, vendrá la noche con sus estrellas, esas doncellas rodeadas de halcones que vendrán en busca de nuestros corazones. Se nos habrá terminado la vida, quizás volvamos a nacer y empecemos otra partida en un mundo distante que nos pongan delante. Puede que podamos escoger, o que sea Dios quien lo haga, en función de cómo ha sido nuestro ser durante la vida pasada, lo que tengamos que merecer. Será el cielo o mil infiernos donde nos van a meter. Allí estará Satanás, contento y agradecido, por llevarnos en su nido a una olla a cocer. También estará Barrabás dos mil años metido y sin haber podido pagar su deuda con Él. Podremos subir al cielo si tan buenos hemos sido, que nos hemos merecido estar en la presencia de Dios, donde San Pedro nos cante y todo el cielo se levante para oír tamaña canción. Jordi Sabater

La vida es un ratito que pasa, es chiquitito y no vuelve a comenzar. Hay que vivirla, alargarla, estirarla y poder en ella soñar. Soñaré con tus ojos, con tu cuerpo y tu mirada, con tu vida añorada, que yo quisiera poseer. Soñaré con tu pelo de mujer, con tu cintura delgada, con tus piernas alargadas, con tu belleza ensoñada y sedienta de placer. Soñaré que te encuentras junto a mí, que vives a mi lado, que tu hermosura ha apagado mis deseos de sentir, que tú eras la mujer que yo quiero conmigo, aunque hoy no te puedo tener.

La felicidad, que no se compra ni se vende, la tuve cuando te hube conocido, cuando en la calle te encontré y de ti me enamoré, cuando tu cuerpo pasó a ser mío, a convertirme en tu *marío* y tú fuiste mi mujer, esa mujer que me ama y que quiere mi querer, que ha *prendío* la llama que ilumina to mi ser. La niña de mis ojos, la que amo cada día, la reina de Andalucía, que cuando la veo aparecer, mi alma se cae al suelo, pa que ella la pueda ver.

Serás un gato o un ratón, serás un tigre o un león. Nadie puede saber lo que será en la próxima estación. Cuando yo vuelva a nacer, seré otra vez tu enamorado y volveré a sentir ese amor que has engendrado, el amor que nació en mí aquel día que te vi, aunque ya te había soñado. Tú estabas frente a mí levantando la mirada; tus ojos relucían y con el calor que desprendían los míos se quemaban, mas yo te quería sin saberlo todavía. Tú era para mí: el amor desesperado.